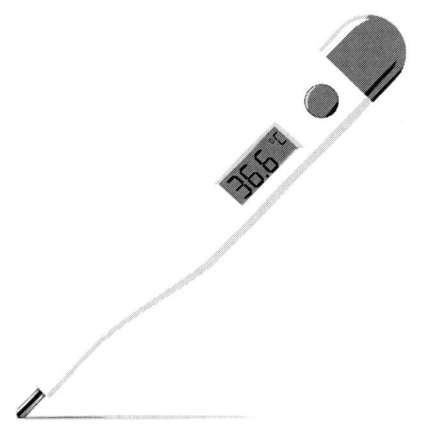

# El estupor
## Cuaderno de un encierro

### Fernando Menéndez

eolas
ediciones

www.eolasediciones.es    |    www.clubleteo.com

Dirección editorial:
Héctor Escobar

Coordinador de colección:
Rafael Saravia

Imagen de cubierta:
Bablab (iStock)

Diseño de cubierta:
Javier Arce

Maquetación:
Alberto R. Torices

ISBN: 978-84-10057-14-2
Depósito Legal: LE 8-2024

# El estupor

## Cuaderno de un encierro

Serie Relojero de Banaguás

*A mi padre, que se ha ido en busca d̶e̶ l̶ ai̶*

# Uno

POLÍTICAS de vedetes. Políticas de eventos.

«NO hay verdades únicas, ni luchas finales, pero aún es posible orientarnos mediante las verdades posibles contra las no verdades evidentes y luchar contra ellas» (Manuel Vázquez Montalbán).

LA distancia del miedo. Cómo estar sin estar. Cómo ser sin tropezar.

HOY nadie hablará de ellos y yo me acuerdo del chaval que enterraron con la camiseta de Zidane.

NO tocarnos la cara. Jabón antiséptico.

REVERTIR la cuarentena en una cosecha.

ESTADO de alarma. Vivir la paradoja: estado / alarma.

EL coronavirus se ha llevado por delante la política del relato (leído a Lucía Méndez).

*LA trinchera infinita.* La trinchera infinita.

HOY debería haber sido un día para los poemas.

EL signo del gorrión. En el hombro de la tierra de Claudio Rodríguez.

LA paz esperada de los poemas.

DECIR «tórtola». Repetir la palabra.

QUE canten las sopranos.

QUERÍAMOS vivir nuestra propia novela pero no es la que pensábamos.

UNA Edad Media con wifi.

SER como chinos. ¿Ser como chinos?

ASTÉRIX y Obélix. Uderzo.

MERCADO de animales salvajes.

ATASCOS de tristeza (Íñigo Domínguez).

EN el patio de luces flota el tema «Fresh» de Kool & The Gang.

A los balcones y a las ventanas se asoma un efecto retroactivo.

NI siquiera este virus nos librará, a partir de una higienización global, de la cursilería.

BYUNG-Chul Han. Aprendí a escribirlo hace tiempo.

LAS notas de Jordi: un ulular desde la cocina.


«NO puedo aterrizar y no consigo alcanzar el cielo» (*Vidas rebeldes*).


DISTANCIA            social.


renunciar
al discurso no significa
suprimir la percepción.

(«Mañana lluviosa», Louise Glück).

## *Dos*

CÓMO escribir «estupor» más allá de la palabra «estupor».

TAVARES tiene algo que decir.

EL corazón celeste de los haikus.

TAVARES: «En 2020 empieza un nuevo siglo».

¿RESTAURACIÓN o innovación?

TRAPOS viejos sobre felpudos.

CONSTRUIR cementerios. Enterrar a los muertos.

EN nada, pasar de una tragedia griega a una novela de ciencia ficción.

LA palabra «récord» asociada al número de fallecidos.

MIEDO a los síntomas. Miedo a que lo rutinario sea excepcional y lo contrario.

TIEMPO de hipérboles. No soy un héroe. Como mucho, una persona responsable.

«DENTRO de lo que cabe», la frase hecha que más digo y escribo en estos días.

INCLUSO en un paseo tranquilo y melancólico, el leopardo no pierde detalle de su alrededor.

TODO está entrelazado.

LO importante es la distancia social. Insisten.

«BARCO a Venus». Barco a Venus.

PASAPORTE de inmunidad.

¿TODO va a ser un paréntesis?

RAMÓN Lobo: «Hay gente que lleva mascarilla cuando debería llevar bozal».

GUANTES de nitrilo.

DAVID Quammen: «Los políticos se decían: no gastaré en algo que quizá no ocurra bajo mi mandato».

MORRISSEY: «Para mí, las bibliotecas resumen una vida perfecta».

EL tiempo que va de los politólogos a los virólogos.

HABLAMOS mucho de los sueños nocturnos. Parece que han levantado la voz.

«EVERYDAY is like sunday». A veces, los títulos.

# *Tres*

HA muerto Robinson.

«FLOR de barrio, hermanito» (Rubén Blades).

JUGADORES líricos de los que ya no quedan.

FERNANDA Solórzano: «Una realidad que no va a terminar».

«ESTAMOS rodeados de virus ideológicos» (Jessica Hausner).

TOMAR el atajo largo.

PASTELES. Una madre. Como si nada hubiese pasado.

NARCISISMO disfrazado de homenaje: mostrar la foto de uno junto a la persona homenajeada.

OBITUARIOS onanistas.

PRIMERO necesité la distracción de la trama. Ahora vuelvo al hueso de la escritura.

LA implacable y dulce persecución (desde hace ya tiempo) del poema «La aurora» de Lorca y de la frase de Cohen: «He visto el futuro y es un crimen» (en *The future*).

*EL corazón secreto del reloj.* A veces, los títulos.

«EL mundo de la cultura no valora el arte sino el dogma» (Bret Easton Ellis).

LA lectura con un objetivo concreto o con un sentido práctico no es, en realidad, una lectura libre. Aprovecho este encierro para darme a la fuga todo lo que puedo.

COMO lector, estos días me estoy reconciliando con

Muñoz Molina, al que le reprocho en ocasiones ser un poco moralista. En un texto que publicó en *Babelia* titulado «Presente de indicativo», a propósito de la escritura de diarios y cuadernos de notas, cita al novelista Ian McEwan, quien piensa que los personajes de las fotografías antiguas nos conmueven porque, a diferencia de nosotros, son inocentes acerca de su porvenir. Me temo que ahora somos nosotros esos personajes de los que hablaba McEwan.

LA palabra: infodemia.

NO el Jesús que murió en el madero sino el que anduvo en la mar.

DESEO de ser un leopardo de las nieves que va borrando con su larga cola las huellas que deja.

LO dijo Kiko Veneno: se puede vivir sin fútbol. ¿Aprenderá algo ese mundo de este paréntesis?

CAMINO a casa de mis padres. Siento el vacío y la soledad como un terrible redoble.

«IMPACIENCIA sin meta». Handke, anticipándose.

ME dicen desde Mieres que se ha muerto Mariano. Como tituló el periódico: «Escritor novel a los 83». Mariano fue al taller de escritura hasta que se lo impidió su salud. Cariñoso, entusiasta. Qué pena da saber que ya no está. Aparte de escribir, lo que más le gustaba era pescar.

# Cuatro

AUTE: elegancia, discreción.

LA cantidad de años que tardo a veces en leer un libro.

LA pandemia de la política.

JESÚS, que me manda un tema de Brad Mehldau que no recordaba. Esas cosas de la amistad: refrescar la memoria.

SEIS litros de leche.
Un kilo de fréjoles.
Tres kilos de mandarinas.

EL bolígrafo de mi madre para las sopas de letras.

NIEBLA nocturna y silencio. Como si caminara por una época muy remota del pasado.

AUTE: «Que el pensamiento no puede tomar asiento, siempre de paso, de paso, de paso».

LA impresión de que Virginia Díaz, en su programa «180º», de Radio 3, pincha canciones como si fuera el último día del año.

«PONGAN la política en cuarentena», ha dicho el director de la OMS.
Tedros Adhanom Ghebreyesus.

CUANDO Miles Davis se encerró con su banda a grabar *Bitches brew* era un músico en horas bajas. Lección y esperanza.

GUILLERMO de Baskerville, te necesitamos.

UNA catarsis. Como si fuese una vacuna.

GRABARME leyendo poemas. Cada día, uno. Como un diario. Corriente subterránea de agua.

MARTÍN Caparrós: «Nos convencemos muy fácil de que así es el mundo y el mundo es lo que podamos hacer con él».

«EN esa hoja en blanco de la ventana» (Juan Cárdenas).

«ENFERMOS antiguos». A veces, los títulos.

RELEER algunas notas de Handke en los setenta y estorbarme aún más el ruido y la velocidad del presente.

JESÚS: La risa de la presentadora me pone nervioso. Nervioso mal.

CON saberlo es suficiente. Una expresión que resume un modo de vida.

LA verbosidad precisa de las novelas de Marta Sanz.

ESCUCHAR de nuevo «Le métèque», de Georges Moustaki. María, otra canción donde vivir.

# *Cinco*

ESTA pandemia es otra oportunidad (y ya van varias) para que la política siga desacreditándose.

CUADERNO salvaje: «Decisiones letales para los españoles» (Cayetana Álvarez de Toledo).

«TORRA frena dos hospitales habilitados por el Ejército y la Guardia Civil».

VEO mi futuro sin término medio: del estupor a la indiferencia y al contrario. Pero simulando que soy un perfecto integrado.

JABÓN y guantes. Todo pasa por unas manos suspendidas en la nada. Que no tienen respuesta.

JAMES Ellroy: «Aquí os cuesta mucho más. Como si os resultara insoportable que gente cuyo trabajo os gusta tuviera opiniones políticas tan contrarias».

INMUNIDAD poblacional.

LOS gorriones campan a sus anchas con esa manera tan peculiar que tienen de moverse (entre saltar y volar). Ciudadanos dignos y humildes.

EL oso polar hiberna despierto.

CÉSAR ha soñado una canción.

UN historiador que ha escrito un libro sobre Poncio Pilato.

«LA calle tendrá que esperar».

LUCÍA Méndez: «El FMI pronostica que las consecuencias de la calamidad del coronavirus serán peores que las del Crack del 29. Y aquí debatiendo de propiedad privada y comunismo. Pues nada. Después de que los abuelos mueran por enfermedad, igual condenan a hijos y a nietos a morir de hambre».

HABLO con Jesús de los diarios de Tavares. Esos vínculos.

RICARDO Piglia: «Un modo de estar encima de mí mismo».

ME viene a la memoria Sixto Rodríguez («I wonder»), Detroit desahuciada bajo un manto de nieve.

TOTÓ es un caballo de treinta años que perdió a su compañera. Ahora vive con dos burros. Treinta años en un caballo, dicen los expertos, equivalen a cien años en un ser humano.

EN las redes sociales flotan pecios.

DESEOS de leer sólo a Julio Verne y a Emilio Salgari.

*DIETARIO voluble.* A veces, los títulos.

CAMPAÑAS publicitarias que nos califican de héroes por encerrarnos en casa. No somos héroes. Somos animales domésticos.

DIFICULTADES para localizar los cuerpos de los familiares fallecidos.

CUADERNO salvaje: los ricos huyen de Nueva York y el virus se ceba con negros e hispanos.

# *Seis*

INSTANTE

Dejadme limpio
El aire de los cuartos
Y liso
El blanco de las paredes

Dejadme con las cosas
Fundadas en el silencio.

(Sophia de Mello. Traducción de Ángel Campos Pámpano).

LA fatiga de mi padre.


LOS animales recuperan espacios en justa revancha.


VERÍA seguidas todas las películas de Hirokazu Kore-eda.

RICARDO Piglia: «La dificultad deriva no de lo que dicen las palabras, sino de lo que se dicen entre ellas. Esto quiere decir que la sintaxis importa más que el léxico».

EL periodista Arcadi Espada le propuso al periódico que le paga escribir una crónica de un viaje en coche de Barcelona a Madrid en pleno confinamiento.

LA típica ingeniosa de toda la vida con desparpajo estilístico y narrativo que se unta con un barniz político contestatario.

CAMINAR, caminar. He ahí el futuro.

LOS pingüinos de Tasmania se pasan tres semanas en tierra mientras mudan el plumaje.

AMAZON se anuncia en las redes sociales ofreciendo música gratis.

MARÍA: Ir a comprar discos era como tener la boca llena de chocolate.

ESE blanco azul de las belugas.

GEORGE Saunders: «La literatura nos enseña que todos podemos ser el otro».

UN *lugar donde estar*. A veces, los títulos.

VEO *Cortina rasgada* de Hitchcock. República Federal de Alemania / República Democrática de Alemania.

QUÉ necesidad de esa maldita niebla que va ocupando la cabeza de mi padre.

TOM Waits apunta en una libreta hechos extraños o insólitos.

JIM Thompson.

CUADERNO salvaje: «Vox acusa al Ejecutivo de aplicar una eutanasia feroz».

JIM Thompson.

NO es el trigo, son las semillas.

LEER a Piglia me recuerda que aprender es una de las mejores cosas que se pueden hacer en esta vida.

HOY por la tarde he regresado a la infancia: mi madre cantando «Dos cruces» mientras Diego El Cigala la cantaba por los altavoces del equipo de música.

ÁNGELA nos transmite por WhatsApp su alegría porque Alberto y Javier, sus hijos, han superado el coronavirus. Y se pregunta de paso hasta cuándo serán inmunes. El miedo que reflejó Carver en su conocido poema se ha quedado corto.

YUVAL Noah Harari: «No debemos seguir viendo la salud y la prevención como cuestiones nacionales. Que los iraníes tengan una mejor atención médica también protege a los israelíes, a los norteamericanos o a los alemanes».

ME gustaría escuchar a alguien que, verdaderamente, tenga fe.

GALLETAS «La Triunfante».

# *Siete*

BIG data hasta en nuestras esquinas más recónditas. Por la salud pública se consentirá todo.

MARTA, las lanudas alpacas y la triste alegría de estar juntos más tiempo.

RICARDO Piglia: su respeto y elogio a Manuel Puig.

LA desmemoria de la emotividad.

LOS artistas del «Circo Coliseo» en la cola de reparto del Banco de Alimentos.

HA muerto Luis Sepúlveda por coronavirus. Andrea, en su muro de Facebook, me agradece que, de cría, le regalase *Historia de una gaviota y del gato que le enseñó a volar.*

UNA mascarilla no desechable: 12 euros.

MARAS literarias.

«EL verano no vencerá al virus».

EFECTO Dunning-Kruger: la gente que opina de todo sin tener ni idea.

QUÉ necesidad de esa niebla que va ocupando la cabeza de mi padre.

—ME levanto todos los días con una tristeza muy grande (oído a mi madre en una conversación telefónica).

«EN Asturias jamás se utilizará la edad como cordón sanitario».

HAMZA Esmili: «El confinamiento es un concepto burgués».

ANDRÉS Iniesta: «Da igual el dinero; todos tenemos los mismos miedos».

«NI siquiera sé lo que pedir para comer» (*Carol*, Todd Haynes).

DIFICULTADES (aún) para hacerme una dimensión real de la catástrofe.

TAL vez también sea burgués decir que el confinamiento es burgués. Hay opiniones que salen del horno y no les da el aire ni se manchan. Y se nota.

NO creo que todos tengamos los mismos miedos y en el caso de tenerlos el dinero determina la manera de vivirlos.

MARCOS: Y les digo que se hagan un agujero en la nieve como hacía Buck.

MÁS depresión que ansiedad.

JORGE Martínez (Ilegales): «Lo que resulta realmente peligroso es cómo todo esto realza las virtudes del sistema totalitario y la restricción de las libertades civiles. Y todo ello sin ninguna resistencia. Antes se lograba poniéndote una pistola en el pecho. Ahora con una enfermedad mortal».

QUÉ poesía felizmente puñetera la de Azahara.

# Ocho

DÍAS con la misma ropa.

EL trono en el que se sienta Maradona para seguir desde el césped los partidos del Gimnasia y Esgrima La Plata.

KISSINGER aún.

ESCUCHO a un amigo hablar de la pandemia. Estamos poseídos y parece que la única salida es dosificar la posesión.

POR primera vez tengo más miedo de las opiniones que del virus.

SÍ, *El Club de los Poetas Muertos*: «No nos gusta la poesía porque sea bonita, nos gusta porque pertenece al género humano».

NO tengo criterio, contesté. Y fue lo mejor que dije en mucho tiempo.

MARCOS: «Nuestro problema ahora es que coman las lavanderas».

«EL Govern plantea crear un pasaporte de inmunidad y monitorizar los móviles».

PAUL McCartney tocando al piano «Lady Madonna».

A veces parecemos compañeros de piso.

SISTEMAS para medir la temperatura corporal de los clientes.

VER capítulos repetidos de *The Closer*.

TODO es un paréntesis.

EN momentos de incertidumbre recordar que Borges tradujo a Walt Whitman.


LAVANDERA: Pájaro de unos ocho centímetros de largo, sin incluir la cola, que mueve sin cesar, que es de color ceniciento por encima, blanco por el vientre, y con un cuello, pecho, alas y colas negros, y que vive en lugares húmedos.


CANSADO de ir de un lado para otro. A partir de ahora lo junto y me pongo a un lado, debajo.
Nunca encima ni en el centro.


LOS discursos de los políticos como la pintura de las paredes después de un tiempo.


«TORRA busca reforzar el independentismo durante la crisis».


LA radio de fondo: el confinamiento es un multiplicador de la emotividad.


MONTAIGNE.

MEJOR los escritores que son anacrónicos en todo momento. Fuera de tiempo y de lugar.

EN la puerta de un bazar chino cerca de casa: «Cerrado por descanso».

*Nueve*

LENTITUD hacia dentro.

NO ES MÁS

*por selva oscura…*

Un poema no es más
que una conversación en la penumbra
del horno viejo, cuando ya
todos se han ido, y cruje
afuera el hondo bosque: un poema

no es más que unas palabras
que uno ha querido, y cambian
de sitio con el tiempo, y ya
no son más que una mancha, una
esperanza indecible;

un poema no es más
que la felicidad, que una conversación
en la penumbra, que todo

cuanto se ha ido, y ya
es silencio.

(Eliseo Diego)


HAGO listas de libros que tengo pensado leer. El hecho de apuntar sus títulos ya es como si los hubiera leído.


CUADERNO salvaje: «El feminismo fue el altar ante el cual se sacrificaron la ciencia y la razón» (Cayetana Álvarez de Toledo).


ADOLFO Bioy Casares: «Inmediatas a las ciencias ocultas se hallan la política y la sociología».


OBSERVAR lo que vemos. Un ideal.


CUADERNO salvaje: «Con una Cataluña independiente no habría habido ni tantos muertos ni tantos infectados» (Meritxell Budó, portavoz del Govern).


ENCONTRAR a un vecino en el supermercado. Preguntarle qué tal está. Hacerlo con la mascarilla puesta.

ENRIQUE Vila-Matas: «Leyendo a los otros o a nosotros mismos, poco margen veo yo para estallidos bélicos y mucho en cambio para la capacidad de un hombre para respetar los derechos de otro hombre, y viceversa. Nada menos agresivo que un hombre que baja la vista para leer un libro que tiene en sus manos. Habría que partir a la búsqueda de ese recogimiento universal. Se me dirá que se trata de una utopía, pero sólo en el futuro todo es posible».

HURTO de rostros.

HUMILLADOS, homogéneos, homologables.

LLAMAR «héroe» a un sanitario es una hipérbole que, como suele ocurrir con muchas hipérboles, está vacía por dentro. Nadie vive de la exageración, sino justo de aquello que precisa.

NO falta ningún día a la hora acordada: el anciano de bata azul. Aplaudiendo trabajosamente. Cada poco descansando las manos en el alféizar.

COMO dice Chiara Valerio, también me gustaría seguir

imaginando a los murciélagos como los hermanos de Batman.

JOHN Carlin: «Maigret es el nuevo Messi».

«MUDA la boca, los ojos listos» (el *Quijote*).

## *Diez*

«UNA nueva normalidad».

EL Gobierno le ha comunicado a La Liga que hasta 2021 no habrá partidos con público.

MI madre pone un disco de Leonard Cohen. Mi padre dormita en el salón.

TODAS las noches enrolla en el mástil la bandera de su país que tiene colgada en la ventana. La patria también tiene que descansar. Y todas las mañanas la desenrolla para que ondee o languidezca según sople el viento.

DORA, participante en un club de lectura, a propósito de *Velocidad de los jardines*, de Eloy Tizón: «Me gusta esta escritura como atravesada».

NICO, quiosquero: «Desde que empezó el confinamiento vendo muchos más periódicos».

CUADERNO salvaje: «Aznar, Álvarez de Toledo y Vargas Llosa firman un manifiesto contra el confinamiento y el autoritarismo durante la pandemia».

ME pongo una mascarilla para salir a la calle y mi padre se ríe al verme así. Qué suerte, por un instante, su inconsciencia.

LEER todos los Episodios Nacionales de Galdós. El tipo de épica al que tengo acceso.

NO hay agricultor que no aproveche la ocasión para lanzar un justificado reproche: que haya tenido que ocurrir todo esto para que se aprecie nuestro trabajo... Parte de la cosecha se perderá porque hacen falta jornaleros. Los inmigrantes que lo hacían no pueden venir a causa de la pandemia, los españoles que se ofrecen no son suficientes y hay algunos que no pueden con la tarea.

EN mi familia siempre se dijo «comedor» y no «salón».

DAVID Foster Wallace: «Una obra de ficción es una conversación que permite enfrentarse a la soledad esencial que se da en el mundo. Entre los seres humanos se da una situación de incomunicabilidad de emociones. La comunicación entre el creador y el lector es algo extraordinariamente misterioso. La buena literatura provoca una experiencia que permite trascender el aislamiento de orden subjetivo».

FRAMBUESAS
Bolsas de basura
Pan blando
Leche
Papel de cocina
Arándanos.

TRUMP recomienda inyectarse desinfectante y aplicarse luz solar para combatir el coronavirus.

NI siquiera a la presidenta de los libreros de mi ciudad se le ocurre identificar lectura con cultura. Para ella, la lectura es ocio, evasión, entretenimiento. Lo mismo que se podría decir de volar en parapente, de tomar unas cañas o de jugar al parchís.

Y me viene a la cabeza Arda Turan, sin equipo y encerrado en casa con su familia.

«DEFENSA blinda la mente de sus militares de primera línea».

Blindar la mente. Blindar.

Blindar: 1. tr. Proteger exteriormente con diversos materiales, especialmente con planchas metálicas, una cosa o un lugar contra los efectos de las balas, el fuego. 2. tr. Poner en un contrato laboral alguna cláusula que garantice una indemnización muy superior a la normal en caso de rescisión anticipada de aquel.

«WILD horses», The Rolling Stones.

HABLO con Jesús. Coetzee, las preguntas adecuadas cuando escribes. Su sentido humilde de la realidad cuando dice que sólo es un camarero. Pero hay casos en que la profesión es una circunstancia, algo que no discurre por dentro sino a un lado.

Hablo con Jesús. Le gano unos minutos al día.

HAYAO Miyazaki, la cara de Marta.

## Once

CRISTIANISMO, islamismo, confucionismo, judaísmo, asintomatismo.

Y Bach. Tocado por Glen Gould. *El clave bien temperado.* El adjetivo «temperado». Y no, no son exactamente lo mismo «temperar» y «atemperar».
Atemperar: 1. tr. Moderar, templar. 2. tr. Acomodar algo a otra cosa.
Temperar: Su primera acepción lo sitúa como sinónimo de temperar. La segunda acepción está vinculada al ámbito de la medicina: templar o calmar el exceso de acción o de excitación orgánicas por medio de calmantes o antiespasmódicos.
En Colombia, Nicaragua, Venezuela y República Dominicana, «temperar» se aplica a una persona: mudar temporalmente de clima por placer o por razones de salud.
Ahora el espacio es un clima: un encierro temperado.

«EL sueño del virus es transmitirse» (Elisa Vicenzi, viróloga).

EN su diario de 1970, Ricardo Piglia afirma: «En esta época la literatura ya no se justifica a sí misma y hay que legitimarla».

Legitimar es una postura más propia del literato que de la literatura.


DESDE el comienzo del encierro, Marta trabaja en casa. Verla trabajar es admirar una fuerza de la naturaleza.


«INCREÍBLE amor»: «Ese amor, ese increíble amor / se hace viejo / y sus arrugas / son victorias» (Elle Belga).


SON mis primeras intuiciones literarias, pasados los años, las que ahora se revelan como las más consistentes. Algo que se refleja en un desinterés cada vez mayor por las novedades.


LA biblioteca del hospital de campaña en el Ifema de Madrid ha demostrado que la lectura debería formar parte del tratamiento de muchos enfermos.


VER otra vez a los críos por la calle levanta el ánimo. Sus padres les hacen fotos para registrar el momento. Creo que, a partir de ahora, la vida será aún más retratada y filmada.

«CUANDO me invade la tristeza, voy al taller. Si perdiera la capacidad de pintar, quizá me mataría» (David Hockney).

LA mujer del soldado desconocido.

AHORA el concierto de Chick Corea al que acudimos con el teatro Campoamor a rebosar, justo antes de que comenzara el encierro, adquiere una dimensión histórica.

TOMÁS nos escribe para saber qué tal vamos. Cada correo de Tomás es un remanso, una llamada a la serenidad y al sentido común, trate de lo que trate. Me dice con total lucidez que esta pandemia ha puesto en evidencia algo que los poetas ya sabíamos: la vida y el mundo son mucho más frágiles de lo que se piensa.

PIENSO en qué relato escribiría Daniel a propósito de esta crisis sanitaria. Tal vez escribiría la historia de un pangolín al que le gusta la música de Rossini y la de un anciano viudo que le da de comer. Ambos viven en una remota aldea de la sierra y se juntan todos los días al atardecer a escuchar *El barbero de Sevilla* en un viejo tocadiscos que el anciano y su esposa compraron cuando estaban recién casados.

EN casa se impone el olor de la tela de las mascarillas.


TANTA gente viendo cine clásico.


HACE unos años le regalé a mi madre un disco del tenor francés Roberto Alagna versionando los éxitos de Luis Mariano, un cantante que yo conocí de bien pequeño, pues formaba parte de la banda sonora de mis padres. Luis Mariano fue muy popular en los años 50 y 60 y un auténtico ídolo en Francia. En la España viril y franquista tuvo peor suerte. Contaba Terenci Moix que cuando aparecía en las pantallas de los cines de barrio, solía oírse el grito frenético de algún espectador llamándolo maricón. Pues bien, Luis Mariano ha traído, a través de Alagna, una vitalidad inesperada a mis padres. Lo noto en la mirada de mi padre y en los gorgoritos de mi madre, que ha vuelto a cantar al son de «México» o de «C'est magnifique».


«EL respeto a los contratos firmados es una de las bases de la civilización occidental» (oído a un político).

## *Doce*

SE supone que la vuelta a esa «nueva normalidad» pasará por usar mascarilla casi en todo momento. Qué tristeza. Sobre todo, qué tristeza.

LA mayoría de los libros hablan de mundos que ya no existen.

TENER entre los nuevos conceptos vitales la vigilancia y una prevención que no es más que una versión edulcorada de esa vigilancia. Ya no basta con ser prudentes. La prudencia queda como un recurso de pobres de espíritu, de gente anticuada. La de la vigilancia es una atención agresiva.

MICHAEL Kiwanuka.

ATAÚDES de cartón en Nueva York.

LAGOS de Albania.


«LA sociedad acelera su paso hacia la digitalización».


EL NOMBRE MÁS RECTO

Son las seis y ocho de la tarde.
Mi madre se ha puesto a cantar una canción de Luis
    Mariano.
En Francia fue un ídolo.
Para la España viril y franquista era demasiado.
Terenci Moix recordaba que si en un cine de barrio salía
    Luis Mariano cantando en el NODO, siempre había
    alguna voz que gritaba: «¡Cállate, maricón!»
Yo lo escuché desde bien crío.
A mis padres les traía buenos recuerdos.
Algo que la música puede hacer.
Crecí con las canciones del cantante de Irún.
Podría citar otras músicas que escuchaban mis padres.
Músicas que forman parte de lo esperado: los Beatles,
    Adamo, el Dúo Dinámico.
Pero citar esas músicas sería como decir «confinamiento»
    en lugar de «encierro».
Soy incapaz de superar el estupor.
De madurar el hecho de que las cifras diarias
    corresponden a personas fallecidas.
Que nadie se inquiete, llegaré a madurarlo.

A destiempo, pero lo haré.
Ya es destiempo de casi todo.
«Violetas imperiales», «México», «Dos cruces», «C'est
	magnifique».
Luis Mariano, vuelve a descansar en paz.
Procuraré, de ahora en adelante, llamar a ciertas cosas
	por su nombre más recto.


«DEL paro a la furgoneta: los desempleados de la pande-
mia acaban de repartidores para Amazon».


«AL lado del camino». A veces, los títulos.


«LO único que puedo ofrecer a mi familia es comida y
trabajo».


PARA ÁNGELA

Que nadie hable de cansancio ni de vértigo.
Al fondo de una sala hay una mesa. Sobre la mesa una
	taza de té y una taza de café. Un libro abierto con las
	páginas subrayadas.
Que nadie hable de cansancio ni de vértigo.
Al fondo de la sala se recupera el ánimo, se detiene el
	tiempo.

JAIR Bolsonaro, presidente de Brasil, a propósito de los miles de fallecidos por coronavirus en su país: «Así es la vida».

AGUSTÍN Fernández Mallo: «Soy escritor para estar en mi casa escribiendo, no para estar por ahí animando fiestas, bodas y bautizos».

EL estilo, una temperatura corporal. Las décimas de más.

*VÍCTIMAS de la espera.* A veces, los títulos.

# *Trece*

PERIODISMO de declaraciones.

«ESTA primavera se quedará la cereza en el árbol».

PLATICAR.

LA bondad nunca es consciente.

ENGANCHADO a las cápsulas visuales de Fernanda Solórzano comentando películas.

EL padre fallecido de Ricardo, una pintura china e *Interstellar*.

LAS consecuencias económicas de la crisis de la pandemia son tan rotundas que nos dejan a todos desolados, especialmente a los mayores. A las personas que vivieron la escasez y la pobreza de la posguerra no les cabe en la cabeza que la historia se repita.

PERSONAS que viven en desiertos.

«EVERYBODY'S talkin'». A veces, los títulos.

GRULLAS japonesas. Las grullas suelen mantenerse sobre un pie cuando se posan.

NIÑOS jugando al fútbol en las azoteas de Beirut.

FIONA Apple no apaga la lavadora cuando graba una canción.

POETA pide consejo sobre qué desbrozadora comprar en Amazon.

USAR «informal» en lugar de «ilegal» cuando se habla de economía.

LOS jaredíes o temerosos de Dios rompen las restricciones sanitarias.

NEMO es una planta de aire.

LEER una enciclopedia.

LUCÍA Méndez: «Después de asombrar al mundo con sus conocimientos sobre pandemias, test y estudios de seroprevalencia, ahora muchos colegas de mi profesión son especialistas en planes de desescaladas. Mientras, los médicos y científicos reconocen que saben muy poco del virus».

BILL Withers y el Trinche Carlovich dando un paso atrás.

LECHE
Arándanos
Kéfir
Yogures
Pan blando
Tostadas.

UN crío de cuatro años con el uniforme del Liverpool. En la espalda, el nombre de Salah.

EL niño jasídico que, a espaldas de sus padres, escribe en Google: ¿Existe Dios?

EN Italia habrá que pedir turno para ir a la playa. Se prohibirán fiestas, baños en compañía, comidas y meriendas colectivas.

«LOS jugadores no van a tener tanto contacto, será otro fútbol».

VELATORIOS exprés.

EN Guatemala, a principios de abril, había cien respiradores para dieciséis millones de habitantes.

HABLO con María a través de canciones. Yo le digo: «La Javanaise» de Gainsbourg y ella me dice «24 000 baci» de Adriano Celentano.

# *Catorce*

ENRIC González: «El contexto significa mejor comprensión y, además, sosiego».

RELEO poemas de Chus y me acuerdo de que, para Julián Herbert, la buena poesía es agarrar un cuchillo por el filo.

UN repartidor de pizza que se llama Ulises.

«SIN manos no hay humanidad», dice Ricardo en una entrevista.

SEGÚN he leído, algo que perjudica notablemente al ser humano es la tendencia innata al optimismo de su cerebro.

QUÉ razón tiene Leila Guerriero: es un virus moralista.

DESAPARECE *Rockdelux*.

EN el desierto de Sonora la vida no retoña.

EL Estado justifica pagar la vigilancia del panteón de Franco por su singularidad.

SENTADO al borde de la cama deshecha. Leyendo un poema en voz alta que grabo en mi móvil.

UN comportamiento silencioso.

EN una intermitencia, lo que no aparece, lo que no se oye.

VER a Natalia.

OJALÁ este cansancio me llegue a tiempo. Cansado de escribir para escritores. Cansado de leer para lectores.

También veo que la lectura y la escritura tienen una vida privada que se me está hurtando.

AMOS Oz: «Los zapatos siempre me cuentan muchas cosas».

UN policía se posa de un coche patrulla para ir a comprar un libro.

¿Y bailar?

JUAN Mayorga: «Convertir los límites en ocasiones poéticas».

LA soledad que se mitigaba en los autobuses urbanos.

EL portero, de negro.

DE 1974 a 1980. Seis años tardó Antonio López en pintar su cuadro *Gran Vía*.

RAMÓN Andrés: «La espera como espacio temporal se ha perdido».

«DAYS like this». A veces, los títulos.

MI respetuosa despedida de las novedades.
    Salvo necesidad u obligación.

UN aprendizaje hacia atrás.

«BLUE Moon», Vic Chesnutt, la segunda voz.

EL patrón de La Liga dice que es más peligroso ir a una farmacia que a un entrenamiento. Una directora de cine afirma que es más peligroso ir al supermercado que al cine.

TENER una turba.

MUERE por coronavirus el torturador de la policía franquista conocido como «Billy el Niño».

JEANNE Moreau se apoya en un teléfono.

Ahora todos andamos buscando la forma reflexiva de los verbos.

Yo tenía un profesor que insistía en que aprendiéramos bien los valores del «se».

Quien se apoya, siempre espera a alguien o a algo.

Quien se apoya y guarda silencio, grita en contra de todo.

La estampa de Jeanne Moreau apoyada en un teléfono alumbra el destino de los rezagados, de los pobres de espíritu.

Normalmente, quien acusa a alguien de ser pobre de espíritu tiene una personalidad excedente.

De crío pensaba que *Ascensor para el cadalso* era una película de terror.

La verdad confusa de los títulos.

La verdad confusa. A secas.


TODO se andará.


VIGILAR las alcantarillas.

# *Quince*

LA pandemia ya tiene su Banksy. Hospital de Southampton.

GONÇALO M. Tavares: «Millones de personas habían olvidado algo esencial: la muerte».

«FALSE Prophet», lo nuevo de Dylan: «Otro día que no termina, otro barco que se va, otro día de ira, amargura y duda».

LA mujer que al cruzarse conmigo casi se cae a un jardinillo por mantener la distancia de seguridad.

PATOS que comen las malas hierbas de los arrozales.

«LA pandemia es sinfónica» (Andrés Malamud).

UNA región que lleva por nombre «El país de la nieve».

HA muerto el Trinche Carlovich.
Ha muerto de un golpe en la cabeza cuando le robaron
la bicicleta en la que iba montado.
La imagen del Trinche con los ojos a punto de rebosar
y el rostro congestionado cuando le decían si se
imaginaba con veinte años jugando en una cancha
de fútbol.
El Trinche que prefirió ir a pescar antes que jugar con la
selección.
El Trinche que había perdido la memoria de lo malo.
El Trinche discreto y leal a la pelota.
«Con tu humildad nos bailaste a todos», ha dicho
Maradona al enterarse de su muerte.

DISECAR los días.

SE calculaban 20.000 años.
20.000 años de zona inhabitable.
La Zona de Exclusión de Chernóbil.
Alrededor de la central nuclear.
Zonas de exclusión.
Prohibido el paso.
Lugares de una casa prohibidos para un niño.
Este sitio no es para los de tu clase.

Treinta y cuatro años más tarde de la catástrofe nuclear
viven y galopan manadas de caballos.
¿Quién puede calcular la dimensión de una cifra así?
Salvo los contables, los economistas, los sociólogos.
Ellos creen que se puede acotar una dimensión.
Caballos de Przewalski.
Así se llama la raza de caballos de Chernóbil.
La especie de los caballos de Przewalski es una de las
pocas especies de caballos salvajes que hay en el
mundo.
El cromo del caballo de Przewalski salía repetido
muchas veces en los cromos de naturaleza.
Vallina, el maestro de Sociales, decía que era igual que
los caballos de las pinturas rupestres.
Veinte mil años.
Para Germán Orizaola, investigador de la Universidad
de Oviedo, es necesario entender mejor los
mecanismos que permiten a la fauna vivir en zonas
con contaminación radiactiva.
Los caballos son llamados así gracias al coronel ruso
Nikolái Przewalski, que fue quien los descubrió en el
siglo XIX.
Contables, economistas, sociólogos: piensen en Nikolái
Przewalski de vez en cuando.


VEO y escucho a José María Pou leer fragmentos de «Ex-
hortación a los médicos de la peste» de Albert Camus.

La traducción al castellano de *La peste* que yo conozco es de Rosa Chacel.

¿Quién lee hoy sus libros?

Demasiado olvido sobre algunas escritoras.

Moisés nos la descubrió siendo nosotros muy jóvenes.

Las susurradas exhortaciones de Moisés.

Exhortar: 1. tr. Incitar a alguien con palabras a que haga o deje de hacer algo.

BYUNG-Chul Han: «Nos matamos a base de autorrealizarnos. Nos matamos a base de optimizarnos».

MADONNA pidiendo que la vuelta a la normalidad suponga una vida austera y que consumamos menos.

RODRÍGUEZ Uribes, ministro de Cultura: «Seguramente me faltó empatía con el sector cultural».

EL ranger que se juega la vida por los gorilas y se enfrenta a cazadores furtivos y grupos armados en el Parque Nacional de Virunga, en la República Democrática del Congo. El nombre del ranger: Innocent Mburanumwe.

EL Tourmalet. Ancianos en bicicletas eléctricas. Perros que se detienen a contemplar el paisaje.

FLECHAS, líneas, rayas, señales, indicaciones.

FIESTAS para celebrar el fin del confinamiento.

GICA Hagi: «El fútbol es como la geometría. Necesitas ver los ángulos, sentir el espacio, ver las líneas y trayectorias».

ESLOGAN creado por la consultora estadounidense Burson-Marsteller en el Mundial de Argentina de 1978 para la dictadura de Videla: «Los Argentinos somos Derechos y somos Humanos».

ANTONIO Soler: «Nos hemos convertido en un Gregor Samsa colectivo».

«VII Primavera Barroca», ponía en el cartel.

TAN sólo es otro cambio de guardia.

Patti Smith versiona la canción de Bob Dylan.

Versionar es releer, recordar, agradecer.

Tan sólo es otro cambio de guardia.

Al presidente le preocupa lo pronto que nos olvidamos
    de los malos momentos.

No existe la gente buena, existen los individuos.

Atragantados con tantos eslóganes: la dieta de comida
    rápida de los últimos años.

Tan sólo es otro cambio de guardia.

Tan sólo, pero tendremos que amarnos con precaución.

Confiar con prolegómenos.

Bienvenidos a la sociedad de los prefijos.

Ser un misántropo comprensivo.

Un reaccionario paciente.

Tan sólo es otro cambio de guardia.

Al menos recojo alguna moneda durante el día: Manu,
    uno de los chavales del instituto, me saluda por la
    calle.

Manu, que buscaba el género de los verbos.

Jordi ha dado por finalizado su diario de la cuarentena.

Flor que crecía hacia dentro.

Animal extraviado en un bestiario.

Tan sólo es otro cambio de guardia.

Tendré a mano algunas viejas canciones.

Jesús y Rubén salen en bicicleta cuando cae la tarde.

# *Dieciséis*

«LOS brillos melancólicos de los insectos» (Pilar Adón).

«EL arte es igual de necesario que el papel higiénico».

LA modestia del jabón.

EN Italia, bares que colocan libros en sus barras para poder abrir como librerías.

UN escritor que corrige directamente.

EL lector latifundista.

HOY han muerto 184 personas. En condiciones normales, si nos anunciaran por la mañana que han fallecido 184 personas a causa de un atentado o de un accidente, estaríamos conmocionados.

LOS inmortales invaden las terrazas para tomar una caña.

ALDIR Blanc: «La esperanza equilibrista sabe que el espectáculo de cada artista tiene que continuar».

EL Diccionario de la RAE bate su récord con cien millones de consultas.

CHARLAR con Mónica y Dani. Comas y escotillas.

QUEJARSE ostentosamente de algo a lo que uno ha contribuido.

NO es el diagnóstico. Es la razón para hacerlo.

ESCRITORES anfibios.

ELENA Martínez es una librera que ha recorrido más de 600 kilómetros en bicicleta para entregar 1.279 libros en Tres Cantos durante el estado de alarma.

MIQUEL Barceló: «El virus tiene una mirada global, nosotros no la hemos tenido».

EL pelotón del Tour pasando al lado del cementerio y memorial de la batalla de Verdún.

MARTA y yo cruzando el Puente de las Cadenas en Budapest.

FERNANDO Albino da Sousa Chalana, centrocampista del Benfica en la Eurocopa del 84 con Portugal.

RODRIGO de Miguel: «En un mundo de excesos, un diario de ausencias».

SUSTRAER el nombre: decir «infectados» en lugar de «personas infectadas».

LOS casos de los pacientes Virginia Woolf y T.S. Eliot.


APRENDER de la poca suerte de Bram Stoker. Muere en 1912, solo y derrotado, en una pensión de Londres.


EN los momentos más estrictos del encierro soñaban con ir a casarse a Las Vegas.


JULIETTE Binoche en *El paciente inglés.*


DOS niños mojan sus pies en el mar. Deseo de una suspensión del tiempo.


GANAR un día cada día, llegar / a la noche y respirar, con cada movimiento / ir haciendo, del ritmo de la respiración, / aliento para llegar / al día.

(Olvido García Valdés, *Y todos estábamos vivos*).


A Sammy Davis Jr. casi le cuesta la carrera y la vida enamorarse de Kim Novak.

VÍCTOR Lapuente: «En España todo el mundo quiere mandar, pero nadie quiere adquirir responsabilidades».

RELEER lo subrayado hace ya tiempo. En *Largo noviembre de Madrid*, de Juan Eduardo Zúñiga: «Eran meses en que cualquier hecho trivial, pasado cierto tiempo, revelaba su aspecto excepcional que ya no sería olvidado fácilmente».

SOBREVIVIR sacralizando rutinas.

«PUES los versos no son, como creen algunos, sentimientos (se tienen siempre demasiado pronto), son experiencias. Para escribir un solo verso es necesario haber visto muchas ciudades, hombres y cosas; hace falta conocer a los animales, hay que sentir cómo vuelan los pájaros y saber qué movimiento hacen las flores al abrirse por la mañana».

(Rainer María Rilke).

BUSCAR anticuerpos en los dromedarios.

700 ataúdes en un aparcamiento.

HOY he coincidido con Tavares citando a Rilke.

PROHIBIR entrar en los aeropuertos a los acompañantes de los viajeros.

ESQUILADORES uruguayos.

Y esa costumbre de poner adjetivos a la democracia.

# Diecisiete

MIRO el cielo azul, noto la presencia reparadora de la brisa. ¿Y si fuésemos a recoger a María y marchásemos carretera adelante, sin rumbo fijo, sólo por el placer de ir?

ABRIR todas las ventanas de casa nada más levantarnos.

SER entrenador cuando aún se tiene edad para jugar.

EL poder de la ficción. Lorca escuchando a Camarón cantar «La leyenda del tiempo» en la serie de televisión *El Ministerio del Tiempo*.

ME voy reduciendo. Prácticamente ya sólo admito la lógica de la literatura.

¿TANTO nos parecemos a Sísifo?

«LA poesía es siempre lo que está más allá del soporte»

(Jorge Eduardo Eielson).

ANTONIO Banderas, sorprendido de que vuelva el fútbol y no puedan hacerlo los actores.

CON respecto al fútbol, tiene razón César: somos como Ilsa y Rick, los protagonistas de *Casablanca*. No entendemos el mundo en el que vivimos y nos refugiamos en los recuerdos de un París de antes de la guerra.

UNA máquina de hacer pompas de jabón.

¡MAMÁ, mira qué gol voy a meter! (En el parque).

DURANTE la escritura de *Al este del Edén*, John Steinbeck llevó un diario sobre la composición del libro que le iba enviando a su editor en forma de cartas.

JAVI, en el taller, cree que el *Drácula* de Bram Stoker (que está releyendo) es un estupendo batiburrillo de voces como el *Diario de la peste* de Tavares.

«DECENAS de ciervos descansan bajo los cerezos en pleno sakura de Japón».

LA foto y el haiku diarios de Hermes: otra vida es posible.

EN Venecia los cruceros eran más altos que las casas.

«ASÍ es un programa de propaganda eficiente: ignora lo importante»

(Noam Chomsky).

¿Y los 39 inmigrantes hallados muertos en un camión en Essex?

¿Y los dos trabajadores sepultados bajo un vertedero en Zaldívar?

ANTOLOGÍA salvaje: «Lo siento, mamá. No he tenido éxito en mi viaje. Te quiero mucho. Me estoy muriendo porque no puedo respirar»

(Tra My).

HIROKAZU Kore-eda ha visto durante el confinamiento muchas películas con su hija de doce años. Ha visto, por ejemplo, *Titanic*.

Yo nunca he visto entera *Titanic*, pero sí he visto varias veces *Nuestra hermana pequeña* de Kore-eda.


HACIENDO de la necesidad virtud.
Leo con días de retraso los periódicos.
Con meses de retraso revistas y otras publicaciones
    semanales, mensuales.
En este caso, ser lento es un poder.
El retraso en la lectura me hace ver casi siempre lo frágil
    que es la actualidad.
Lo relativo que es lo importante.
Salvo aquello que es importante desde hace siglos.
La pandemia ha acelerado esa fragilidad y esa
    relatividad.
Leer con retraso era mi poder.
Ahora es mi medicina.
*El País Semanal* del cinco de enero de 2020 que leo el 24
    de mayo.
En él, Guillermo Altares escribe un documento en el
    que establece un paralelismo entre los años veinte
    del siglo xx y los del siglo xxi.
Su texto se titula: «Los años veinte, cuando todo parecía
    posible».
A menudo olvidamos que todo es todo.
Sin lugar a matices ni salidas de emergencia.

Lorca, Zweig, Scott Fitzgerald. Ninguno de los tres vio el futuro como algo de fiar.

*Cabaret.* Renoir escribiendo sobre Renoir.

Unas páginas más allá de lo de Altares: «20 cosas de las que hablaremos en 2020».

Feminismo: de Pekín a Santiago, de Chile al mundo.

La ética en la inteligencia emocional.

Obsesionados con la privacidad.

El Golfo Pérsico reclama su espacio en el mapa.

El Renacimiento de los pueblos.

¿Esto es un plátano?

El calvario de las organizaciones internacionales.

Una X liberadora.

Autoconsumo verde.

Desembarca la PlayStation 5.

Cocina esencial.

El Año Rafael rinde tributo al genio.

Ciudades sin coches.

Literatura «transmedia».

La moda es política… más que nunca.

Rosalía…, ¿y ahora qué?

Las guerras del «streaming».

Comprar con cabeza (y corazón).

La pirueta definitiva de Simone Biles.

Y en la misma revista una entrevista con el escritor Antonio Scurati, autor del libro sobre Mussolini: *M. El hijo del siglo.*

El poder convertido en medicina.

LO visto o lo hecho a diario se convierte en una revelación y recuerdo que el director del Museo Británico escribió una historia del mundo a través de sus objetos.

MUERTES bailando al ritmo burócrata de la contabilidad.

«PORQUE no tenemos más que el día y la noche» (*Misericordia*, Benito Pérez Galdós).

AL canal de un jardín barroco le han puesto el nombre de «Reflexión».

LO que nos asombra
no puede ser el vestigio
de lo que ha sido.

(John Berger)

LE envío a Marta fotos de animales que encuentro por internet. Es algo que hago desde hace tiempo. Mucho antes, por supuesto, del comienzo del estado de alarma. Alpacas, osos, gorilas, colibríes, búhos... La última es una fotografía de un cachorro de elefante africano durmiendo la siesta a la sombra de un árbol.

La vida es simultánea. Ni en sus peores momentos admite ser sucesiva.

## NOTA

Quiero agradecer a José Castellano y a Chus Neira el haberme dejado publicar estos textos en su revista digital: laescena.es

# Índice

Otros títulos de la Serie de narrativa
## RELOJERO DE BANAGUÁS

~

Otros títulos de la Serie de poesía
## AZUL DE METILENO

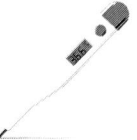

Esta primera edición de
*El estupor. Cuaderno de un encierro*
número 16 de la Serie Relojero de Banaguás,
se terminó de imprimir en los talleres
de Safekat S. L. (Madrid)
en marzo de
2024.